QUICK GUIDE TO MORE MEXICAN SPANISH

LANGUAGE BABEL, INC.

ISBN-10: 1484957016   (paperback)
ISBN-13: 978-1484957011
Printed in the United States of America by Language Babel, Inc.
Version 1

PRESENTATION

In this second book on Mexican Spanish you will find 500 new words and phrases used regularly by Mexicans. Used in combination with the original **Quick Guide to Mexican Spanish** you will have more than 1,000 terms to lead you to fluency in Mexican Spanish.

Each term has been defined in English and synonyms are included when available. Most entries include example sentences. Each entry is presented as follows:

> **compa:** 1) diminutive of *"compadre,"* a partner, friend or pal 2) a child's godfather
> *SYN:* 1) compañero, compi, carnal, amigo, compa, cuate
> ✐ *1) ¿Cómo andas compa? Bien, pero algo cansado. 2) Esos compas saben muy bien por donde debemos llegar.*

Abbreviations and Symbols:
SYN: synonyms or similar words
✐ example sentence

3

PRESENTACIÓN

En este segundo libro de vocabulario de México encontrarás 500 nuevas palabras y frases utilizadas regularmente por los mexicanos. Con esta recopilación y el primer libro, **Quick Guide to Mexican Spanish**, tendrás más de 1,000 términos que te ayudarán a conocer el español coloquial de este país.

Cada término ha sido definido en inglés y, en la mayoría de los casos, se han incluído sinónimos. Casi todas las entradas incluyen una oración como ejemplo de uso. Las entradas están presentadas de la siguiente manera:

> **compa**: 1) diminutive of "*compadre*," a partner, friend or pal 2) a child's godfather
> *SYN: 1) compañero, compi, carnal, amigo, compa, cuate*
> ✎ *1) ¿Cómo andas compa? Bien, pero algo cansado. 2) Esos compas saben muy bien por donde debemos llegar.*

Abreviaturas y símbolos:
SYN: sinónimos o palabras similares
✎ Oración de ejemplo

MORE SPANISH WORDS & PHRASES FROM MEXICO

A

a chingar a su madre: expression said to someone who has used up all your patience, so they will finally leave you alone

a golpe de calcetín: on foot
SYN: a pata
✐ *¿Cómo te vas a ir a tu casa? - A golpe de calcetín, no hay de otra.*

a la chingada: used to put an end to something, to throw away an unusable object, when a job is finished at all costs or when you no longer want to see a person

a la verga: when something expected goes wrong, screw it, forget it
SYN: ¡a la goma!
✐ *Ya me cansé de estar haciendo esta tarea, voy a mandar esta materia. ¡A la verga!*

a pata: to go somewhere walking
SYN: a golpe de calcetín
✐ *¿Te vas a llevar el coche? - No creo, iré a pata.*

a poco: seriously?, really?
✐ *Se casó Martha. A poco, platícame.*

a toda madre: expression that something is very well, or that you did great
✐ *¿Cómo te fue? - A toda madre, todo salió bien.*

abogángster: lawyer
SYN: litigante
✐ *Ya tengo mi abogángster así que voy a ganar.*

abrirse: 1) usually when something or someone is in your way and you want

to pass 2) to say you are leaving, or ask someone to leave
SYN: 1) hacerse a un lado
✐ *1) ¡Yo creo que ya me abro wey! 2) Está muy feo por aquí y la mayoría de mis amigos ya se abrieron también.*

acahual: running away from justice
✐ *Javier ya decidió coger el acahual, que lo culpan de algo que no hizo.*

achechado: spoiled, as in spoiling a child
SYN: alcahueteado, chiqueado
✐ *Mi nuera tiene al niño muy achechado, ya le dije que no es bueno.*

achichincle: errand boy, a helper or assistant
SYN: chalán
✐ *¿Dónde está el achichincle? Necesito unas copias.*

¡achis!: expression of disbelief and amazement
SYN: ¡¿cómo?!
✐ *¡Achis! ¡Pero yo lo dejé en la mesa!*

acoplado: party crasher
SYN: colado
✐ *A él no lo invité, vino de acoplado.*

acordeón: a cheat sheet
✐ *Usé un acordeón para el examen de matemáticas.*

aflojar: trying to make out and have sex
✐ *Mi novia no quiso aflojar ayer, creo que está enojada.*

afrentoso: a conceited person
SYN: pedante
✐ *Ese tipo es muy afrentoso.*

agalambado: being without a path or destiny
SYN: perdido

✐ *Mi hermano anda todo agalambado, nunca queda bien en un trabajo.*

agarrado: a cheap or stingy person
SYN: cacique
✐ *No seas agarrado y paga la cuenta.*

agarrarse de bajada: to tease someone

aguantar vara: to hold one's own or whatever may come, to hold down the fort, to endure
SYN: soportar
✐ *Aguanta vara, en dos horas nos vamos.*

agüitado: when someone feels sad, depressed, shame, discomfort
SYN: triste, decaído, deprimido
✐ *Estoy bien agüitado, no pasé los exámenes y quizás repruebe el año.*

¡ah, burro!: local word

to express surprise for something
SYN: ¡Ah, caray!
✐ *¡Ah, burro! ¡Cómo hace calor hoy!*

¡ah, malaya!: maybe!, perhaps!
SYN: ¡ojalá!
✐ *¡Ah, malaya! Que mi hijo llegue temprano a casa.*

¡ah, jijo!: amazement or disbelief
SYN: ¿cómo?
✐ *Su cuenta es de 300 dólares. Ah, jijo yo pensé que era menos.*

ah, no mames: denotes disbelief, amazement, stop screwing around
SYN: ¿Neta?
✐ *Son 500 dólares. -Ah, no mames.*

ahogado: very drunk, trashed
SYN: pedo
✐ *Pero si estás ahogado, así no puedes manejar.*

aiga: another way to say *"haya"* or "there is"
SYN: haya
✐ *¿Tu crees que aiga leche?*

ajuarear: have luck, be fortunate
SYN: suertudo
✐ *¡Si no fuera por mi tío no serías tan ajuereado!*

al chilazo: done carelessly
SYN: al chile
✐ *Esto está hecho al chilazo. ¿Quién lo hizo?*

al ratón vaquero: in a while, in a moment
✐ *Al ratón vaquero te llamo, porque estoy ocupado.*

al verde: to speak the truth, be honest, to lay the cards on the table
SYN: de verdad
✐ *Al verde que yo no te hablé a las 3 de la madrugada.*

alebrestarse: to agitate, to be stirred up, to be mad
SYN: encabronarse
✐ *No se me alebreste joven, ahorita lo atiendo.*

aló: hello
SYN: hola, ¿bueno?
✐ *¿Aló, con quién tengo el gusto?*

amá: mother
SYN: mamá
✐ *¿Amá, donde están mis zapatos?*

amigui: word used by women of a high social status, or wannabees, and the gay community to say "girlfriend"
✐ *Amigui, apúrate que no vamos a llegar a la fiesta.*

¡ándale!: another way to say "hurry up" with more emphasis
SYN: ¡apúrate!
✐ *¡Ándale hija, córrele por las tortillas que van a cerrar!*

12

andar bien trucho: to be extremely clever
SYN: bien al tiro

andar tras los huesos de: to court or pursue someone romantically
✐ *Pablo anda tras los huesitos de Camila, pero ella no quiere.*

apá: father
SYN: papa
✐ *¿Apá, me das dinero para irme de rol?*

apapachar: being very nice to a person
SYN: dar cariño
✐ *Me agrada que me apapaches.*

apapuchi: on your shoulders
SYN: hacer caballito
✐ *Ya deja que el niño camine solo, lo traes apapuchi todo el tiempo.*

apelativo: nickname
SYN: apodo
✐ *A este le pusimos de apelativo "el tuercas".*

aplicar: to really have to apply yourself to finish something
✐ *Me tengo que aplicar esta semana para que no pierda el trabajo.*

apretada: closed, conservative, when a women refuses something, like to dance or have sex
SYN: retraída, cerrada, recatada
✐ *Esta vez no traigas a tu prima, es muy apretada. Nunca toma o baila con nosotros.*

apuchar: to push someone
SYN: empujar
✐ *Yo no quería subir al camión pero me apucharon y no me quedo otra.*

apuntarse: one way to say "I'm in" or "count on me", to

sign on, to take part in an activity or plan
SYN: yo le entro, acompañar
✐ *Yo también me apunto para ir a jugar fútbol. / Vamos al cine ¿vienes? - Yo me apunto. ¿Qué película vamos a ver?*

aquí nomás mis chicharrones truenan: around here, what I say goes

arderse: to be a sore loser, to have one's ego injured
SYN: envidia
✐ *Se siente todo ardido, porque me dieron el puesto a mí y no a él.*

armarla: to be capable or able, to be a skilled person
✐ *Es un excelente mecánico. Sí la arma, te lo aseguro.*

asistonto: an insulting term for assistant
SYN: ayudante

✐ *¿Quién es él? - Mi asistonto.*

atrabancado: a person that does things by impulse
✐ *Es bien atrabancado, nunca piensa antes de hacer las cosas.*

aventón: to ask for a ride or give a ride
SYN: raid
✐ *Se me descompuso el carro - ¿Quieres un aventón?*

awelita soy tu nieto: of course
SYN: claro
✐ *¿Estás listo? Awelita soy tu nieto.*

ay wey: usually when something not expected comes, strong surprise
SYN: ¡ay cabrón!
✐ *¡Ay wey! Casi choco con otro auto.*

azorrillado: frightened or scared, receive a strong scolding

SYN: espantado
✐ *No lo azorrilles, es un escuincle.*

B

bacha: the butt of a marijuana cigarette, a roach
✐ *Pásame la bacha.*

bailar: usually word to express being cheated, fooled or tricked by someone
SYN: engañar
✐ *Ayer me llevaron al baile los policías, me infraccionaron indebidamente.*

bajar: 1) to steal 2) a blow job
SYN: 1) quitar, robar 2) mamar, chupar, soplar
✐ *1) Le bajé cincuenta pesos a mi hermana para venir. 2) Logré engañarla para que se bajara por los chescos.*

bajón: teenage word when you feel sad or depressed
SYN: triste, decaído
✐ *Después de terminar con Juan me*

dio el bajón todo el
fin de semana.

banda: a group of
friends or a group
with something in
common (students for
example)
SYN: la raza
✐ *Deberías ir a la
fiesta, le va a caer
toda la banda.*

barra: excuse
to avoid doing
something
SYN: pretexto
✐ *No me digas
barras, mejor dime
que no puedes.*

BATACA

bataca: drums
SYN: traca, batería
✐ *Toco un poco la
bataca, pero nada*

profesional sólo como
pasatiempo.

beliz: suitcase
SYN: equipaje
✐ *Está en el beliz rojo,
ahí lo guardé.*

bicla: a bike

BICLA

birria: 1) a dish made
from goat meat 2)
beer
✐ *1) Deme tres tacos
de birria.*

bofo: tired, exhausted
SYN: bombo
✐ *Ando bien bofo,
déjame descansar un
poco.*

bolero: a person that
shines one's shoes
✐ *El bolero de la
esquina es muy
bueno y barato.*

bomba: a joke
SYN: broma
✐ *¿Ya te sabías esta bomba?*

bombón: a beautiful girl
SYN: chula, hermosa, belleza
✐ *Si vieras a mi amiga. En unos años se volvió un bombón, a cuando era más joven.*

bonachón: charismatic, happy personality, with good health also
✐ *Mi tío es alguien muy bonachón, siempre nos invita cosas cuando estamos con él.*

BOTANA
botana: a snack, usually junk food

SYN: moncha
✐ *Ve por una botana a la tienda.*

BOTE

bote: jail, prison
SYN: tambo
✐ *Me metieron al bote, por estar en la punta del desastre.*

boya con patas: a fat person

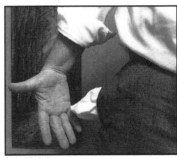

BRUJA

bruja: word used when you are out of money
SYN: pobre, quebrado

✎ Ayer me gasté todo en las medicinas y me quedé bruja.

bubis: boobs or tits
SYN: tetas
✎ Marina tiene unas bubis bien grandes.

buen lejos: to be attractive from a distance
SYN: agradable a la vista
✎ ¿Cómo ves a Amanda? - Tiene buen lejos, yo me apunto.

¿bueno?: word used to answer the phone

burro: stupid, dork, a poor student
SYN: tonto
✎ Me recuerdas a Pedro, es bien burro en matemáticas.

C

cabrear: to be afraid of something, to go back on your word, to have second thoughts
SYN: culear
✎ No te vayas a cabrear. Una ronda y nos vamos.

cacarizo: a pimple-faced shit

cachirul: a trap or con
SYN: estafa
✎ No te metas a ese negocio , es puro cachirul.

cachorrear: heavy petting, stroking or rubbing, sexual acts with the clothes still on
SYN: cachondear
✎ Estábamos en pleno cachorreo, y yo dije pues si va a aflojar, pero se apretó.

caciquear: take

something for yourself without sharing with anyone
SYN: reservar
✎ *Me trajiste un taco bien caciqueado ponle más carne.*

cada chango a su mecate: see you later

caer en la punta: to detest, to hate
✎ *Ese cabrón me cae en la punta.*

cafre: dangerous behind the wheel, someone that does not drive well
SYN: chofer
✎ *Esa mujer es un cafre.*

cagante: uncomfortable or despicable, annoying
SYN: molesto
✎ *Este tipo es cagante.*

cagar el palo: to annoy someone by repeating an action or sound

SYN: estar chingando
✎ *Deja de cagar el palo o te va ir mal.*

cagarse: to be very frightened or angry
SYN: asustarse
✎ *No te vayas a cagar, solo es un película.*

caguama: a 940 ml beer, which is about 30 ounces
SYN: guama
✎ *Nos tomamos unas caguamas, nos sale más barato.*

CAJETA

cajeta: caramel

sauce

calaca: a human skeleton
SYN: huesuda
✐ *Se lo llevó la calaca.*

CALACA

caliente: horny
SYN: cachondo
✐ *Ando bien caliente, y sin novia.*

callejero: a person that spends a lot of time outside their home
SYN: vago
✐ *Te la pasas de callejero, un día de estos te va a pasar algo.*

calo: a cent

SYN: varo
✐ *No traigo ni un calo.*

calzonear: to hurry someone, to ask someone to speed it up
✐ *Ve a calzonear a los niños porque ya se hizo muy tarde.*

camarada: friend
✐ *¿Cuántas camaradas tienes aquí?*

campechanear: to be doing two things at once
SYN: dobletear

canillas: feet
SYN: pies
✐ *Tengo todo el día caminando, ya me duelen las canillas.*

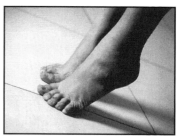

CANILLAS

cantar la neta: to divulge, tell the truth

cantinflear: to talk shit, bullshit, talk without saying anything
✎ *Ya deja de estarme cantinfleando y explícame porque no llegaste ayer.*

capear: to understand, to accept a proposal
SYN: comprender
✎ *Te vas por la derecha y 100 m. adelante está. ¿Capeas o no?*

caracoles: gee whiz, gosh

caramba: darn, dang it

carnal: brother, friend, very close partner
SYN: amigo, hermano, cuate
✎ *Este Juan es mi carnal, no lo molestes.*

carro del mandado: shopping cart

CARRO DEL MANDADO

cartón: 24 beers in a box, usually made of cardboard, a case of beer
✎ *Consíguete un cartón de Corona para la noche.*

cascabelear: to be sick, or behave unusually
✎ *Ya anda cascabeliando el viejillo.*

casco: returnable bottle or container
✎ *Ve por los cascos para traer unas cocas.*

castrado: a person with a lot of

responsibilities and consequently pissed off
No creí que anduviera tan castrado este fin de semana, apenas tengo energías para terminar.

castro: being upset because of comments made by others
Me quedé bien castro con lo que me dijeron de mi dieta.

catego: high quality, society or status
SYN: categoría
Se cree de mucha catego, pero está bien jodida la cabrona.

cerote: a huge, impressive dump
SYN: mierda
Me acabo de echar un cerote de miedo.

chaca: drug dealer
¡Mi primo anda de chaca, y mi familia quiere que se salga!

chachalaca: 1) eloquent but dishonest person 2) a person that talks too much
SYN: 1) parlanchín
Ya cállate chachalaca.

chacharear: to go shopping for cheap things
¿Qué te parece si mañana vamos al mercado a chacharear un poco?

chafa: poorly done, poor quality, piece of junk, cheap
SYN: corriente
Haz tu tarea de nuevo, esa está muy chafa. / Esa televisión que compraste está chafa, no sirven varios botones.

chale: common expression used for surprise or bother,

concern, or in satisfaction
✐ *¡Chale! Ya no llegué a la escuela. / ¡Chale! Ya no me molestes.*

chamaquearon: being fooled by someone
✐ *Ya te chamaquearon con las llaves del coche, esas no son.*

chambear: to work

champurrado: typical drink of Mexico made of corn
✐ *El día de muertos venden mucho champurrado en la calle.*

CHANCLAS

chanclas: sandals
✐ *Se me rompió la chancla.*

changa: a chick, broad, woman

chango: dude

chante: house, usually your own house
SYN: casa, hogar
✐ *Ya no llego a la fiesta, mejor me voy a mi chante.*

CHANTE

chaqueto: poorly made
SYN: chafa
✐ *Te quedó bien chaqueto el pastel.*

charola: police officer ID
SYN: placa
✐ *El tipo que me*

23

detuvo ayer me enseñó su charola pero no le creí y estuvimos discutiendo por horas.

CHAROLA

charro: typical Mexican costume, consists of a big hat with tight pants and western shirt, like a Mexican cowboy, often seen worn by mariachi bands
✎ *Mi hermanito se vistió de charro para la fiesta.*

chava: 1) a girl 2) girlfriend
SYN: 1) chica, niña
✎ *2) Mi chava y yo estuvimos discutiendo durante muchos días, quizás terminemos.*

CHARRO

chavo: young guy
✎ *Estás muy chavo para saber de esas cosas.*

CHAVO

chela: a beer
SYN: cheve
✎ *Saca las chelas, ya va a empezar el partido.*

CHELA

chemo: a drug addict, a person that inhales glue, a person that is high, a "Red Bull"
✐ *Ese güey es bien chemo, ya se le averió el cerebro.*

chichi: tits
SYN: tetas, senos, pechos
✐ *Desde ayer me duele una chichi, voy a ir al doctor.*

chicote: 1) Mexican whip used for animals 2) terrible and manipulative wife or girlfriend
✐ *1) Búscate el chicote para arrear los bueyes. 2) Esperen, tengo que avisarle a mi chicote, si no se enoja.*

chilango: someone from Mexico City
SYN: defeños, capitalino
✐ *Ya se llenó de chilangos la ciudad.*

chile: 1) penis 2) a guy's best friend, offensive sometimes, because it implies he's kind of gay or effeminate
SYN: pene
✐ *1) Está muy orgulloso de su chile. 2) ¿Ya llegó tu chile? ¿O lo dejaste en la casa?*

CHILLAR

chillar: cry
SYN: llorar

✐ *Deja de chillar, ya pronto vienen por nosotros.*

chinga: expression of surprise
SYN: ¡ah caray!
✐ *¡Ah chinga! No sabía que hoy iban a cerrar las calles.*

chingadera: something useless, piece of junk, crap
✐ *Esta pinche chingadera ya no sirve, no vuelvo a comprar en esa tienda.*

chingaquedito: a persistent bother, for example a mosquito
✐ *Mi hermana es bien chingaquedito, en unos días vas a ver que te estará preguntando lo mismo.*

chingo: 1) an excessive amount 2) someone close to winning, or who already won

SYN: 1) mucho
✐ *1) Carnal, te quiero un chingo. 2) Si Sebastián lo pasan este mes ya chingo.*

chingomadral: a shitload of something

chingonada: the shit, excellent
✐ *Somos una chingonada en tiro con arco, ya estamos en semifinales.*

chingonométrico: something extremely large or long
SYN: enorme
✐ *Esta nueva carretera esta chingonométrica.*

chínguele: expression to encourage someone to continue their hard work
✐ *Pero no voy a terminar. - Chínguele y sí acaba.*

chinolas: people from Sinaloa
✐ *Mi nueva novia es*

chinola.

chipocludo: with great quality
✐ *Mi nueva computadora está bien chipocluda.*

chiqueado: spoiled (usually a child)
✐ *Mira que niño tan chiqueado, se nota que tu mamá te quiere mucho.*

chiripa: a fluke, a stroke of luck or a happy accident
✐ *Metió el gol de chiripa.*

chispeando: drizzle rain
✐ *Apenas está chispeando, vámonos antes que llueva más fuerte.*

chispotear: to forget something, loss of memory, neglect
✐ *¡Caray! Se me chispoteó llevar los documentos que me pidieron, tendré que*

regresarme.

chitón: be quiet!
SYN: silencio
✐ *Oh tu chitón, vas a ver que nos dejan pasar.*

chocha: pussy
SYN: panocha
✐ *Se le veía la chocha con ese vestido.*

chochos: insulting word for medicine, used when someone doesn't believe in pills prescribed
✐ *Este doctor me está llenando de chochos. Sólo me hacen sentir peor.*

cholla: head

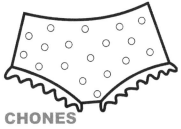

CHONES

chones: underwear
SYN: calzones
✐ *Hoy ni chones*

traje. No importa,
hace calor.

chorcha: to talk, to have a long conversation
✎ Estaban en la chorcha y no se dieron cuenta que me fui.

chorero: liar
✎ *El policía era un chorero, nos decía puras direcciones falsas.*

choro: a lie
✎ *Todo lo que dicen en la televisión es puro choro.*

chorro: a lot of something

CHOTA

28

chota: police
✎ *¡Córrele! ¡Ahí viene la chota!*

CHOYA

choya: head
✎ *Me duele la choya, quien sabe porqué.*

chucho: dog
✎ *¡Sal de aquí chucho!*

CHUCHO

chupar: 1) to drink alcoholic beverages,

mostly used when referring to beer 2) to give a blow job
SYN: 1) tomar
✐ *1) Vámonos a chupar unas cheves.*

chutar: to do a job, work

clavar: 1) to nail, bang, have sex 2) being obsessive about something
SYN: 1) coger, meter
✐ *1) Por fin me clavé a la amiga de Laura. 2) Este problema de matemáticas me tiene clavado aquí todo el día.*

cochinada: a total mess of something
SYN: porquería
✐ *¡Qué clase de cochinada me entregaste, haz bien tu tarea!*

cocho: dude
✐ *Cocho, ¿pues qué quieres que te diga?*

coger: to screw, have

sex
SYN: meter, clavar
✐ *La chica con la que salí ayer no quiso coger, creo que estaba en sus días.*

cojones: balls, courage, to have valor
✐ *Mi hermano tiene cojones.*

COLOCHO

colocho: a person with curly hair
✐ *Mira tu colocho, ahí es donde debes de ir mañana.*

COMBI

combi: little bus
✐ *Tomamos la combi*

mañana temprano,
espero que haya
lugar.

como burro en
primavera: horny

compa: 1) diminutive
of *"compadre,"* a
partner, friend or pal
2) a child's godfather
SYN: 1) compañero,
compi, carnal,
amigo, compa,
cuate
✐ *1) ¿Cómo andas*
compa? - Bien, pero
algo cansado. 2)
Esos compas saben
muy bien por donde
debemos llegar.

comper: excuse me,
let me pass please
✐ *Comper, voy al*
baño.

concha: cunt
✐ *¿Salimos a buscar*
una conchas o qué?
¿Te apuntas?

congal: brothel
✐ *El congal de la*
otra noche estaba

muy caro.

corta: money
SYN: luz
✐ *Préstame una*
corta.

CORTA

corto de lana: with
a little amount of
money
✐ *Ando bien corto*
de lana hoy, mañana
te presto sin falta.

cotorrear: 1) to make
jokes to break the ice
2) to tell a tall tale, to
make fun of someone
3) a lot of talk
✐ *2) Y me gané la*
lotería. - ¡No, me
estás cotorreando!
3) Mi amigo y
yo estuvimos
cotorreando todo el
día, es muy gracioso.

coyote: people outside of government offices who charge you a price to process faster a birth certificate or sell you an illegal one
✎ *Ayer me encontré a un coyote y me pidió 500 pesos para sacarme mi acta de nacimiento, estaba tan desesperado que se los di.*

creerse Juan Camaney: a stud, someone that can do anything
✎ *La verdad ese tipo se cree Juan Camaney porque organizó todo él solo.*

cruda: a hangover
✎ *Traigo una cruda de miedo.*

¿cuál es el pedo?: what's the deal?, what's going on?
SYN ¿de qué se trata esto?
✎ *¿Cuál es el pedo con esta persona?*

cuate: to be a close or good friend
✎ *Eres mi mejor cuate. / Aquel que está allá es mi cuate, no te vayas a olvidar.*

cuico: an insulting term for police officer
✎ *Y que sale el cuico de la nada y me multó.*

culero: a person with ill will, a bad person with poor values
✎ *Es bien culero, no le importa nada ni nadie.*

culo: 1) cheap 2) ass
✎ *1) No seas tan culo y págate las cocas. 2) Dejar de estar viendo el culo de las viejas.*

cundina: this word describes a type of savings group among a group of people. Each person contributes a certain amount of money every month to the

group fund. During the whole process, each person receives the collected amount of money once. For example, if 5 people are in the group and each contributes 100 pesos every month, each person would receive a 500 peso payment once during a five month period. This is a way to force people to save.
SYN: tanda
✐ *Entre todos organizamos una cundina para inicios del año.*

cutis: the ass
SYN: culo

D

dar baje: to take away something, steal something

dar el roll or **salir de roll:** to go out with no particular destination, to hang out with friends, family or girlfriend/boyfriend
✐ *Nos vamos a dar el rol.*

dar un chivo: to give a blow job
SYN: bajarse a los chescos, dar una mamada
✐ *Si no te gusta, también me puedes dar unos chivos.*

darketo: someone with dark and black clothes, looks like a vampire, feels sad all the time, without hope for the world, gothic
✐ *Ayer unos darketos se espantaron con el temblor, se veían muy graciosos corriendo.*

darse color: to realize
✎ *Date color, las cosas no están fáciles.*

darse paquete: to brag, to bluff
✎ *Se están dando paquete, al rato los convencemos.*

dárselas de: show off, brag about, to fancy oneself
✎ *Lo que pasa es que Juan se las da de muy acá.*

de a grapa: free
✎ *Me salieron de a grapa los tacos.*

de agua: very easy
✎ *Se va de agua, no creo que batalles mucho.*

de hueva: without interest, lame
✎ *El partido estuvo de hueva.*

de la patada: with a poor attitude, bad tempered

de pelos: well, great
✎ *Te salió de pelos el negocio.*

de pilón: in addition, besides
✎ *Y de pilón tengo que pagar la cuenta.*

de repe: expression used to say "perhaps" or "maybe"
✎ *De repe y no voy a trabajar.*

dealtiro or **de al tiro:** a job done poorly
✎ *Tu baile de ayer estaba muy dealtiro, le voy a decir a mi tía que te enseñe.*

dedo: informer, snitch
✎ *Te pusieron el dedo, así que no me hagas perder el tiempo.*

dejarse caer: to arrive somewhere without letting anyone know
✎ *Mi primo se dejó caer hace unos días, es muy buena onda.*

del nabo: 1) difficult, useless 2) very bad luck, poor result
✍ *1) No puedo decir que me estoy bien, me está yendo del nabo. 2) Ayer me fue del nabo con los papás de mi novia, yo creo que no les agradé nada.*

derra: see you later
✍ *¡Derra regresamos, mamá!*

descagalar: to break, destroy
✍ *Ya descagalaste la máquina otra vez.*

deschongarse: a person (usually a girl) who lost decent manners and her angelical aspect suddenly
✍ *Mira esa chica que canta se deschongó hace varios años y ya hasta salió desnuda en una revista.*

desconchinflar: to ruin, to break

✍ *Ya se desconchinfló la licuadora otra vez.*

desmadre: 1) disorder, mess 2) make a lot of noise 3) a party animal
✍ *1) Tienen un desmadre bien organizado. 2) ¡Qué desmadre se traen los vecinos! 3) Mi vieja es un desmadre.*

despedorrar: to ruin, to break
✍ *No me vayas a despedorrar el teléfono, ten cuidado.*

dicharachera: a person that talks a lot but can't be relied on for information
✍ *Lilia aparte de estar bien buena, es bien dicharachera.*

discutirse: indirect invitation to someone to buy something or give something for free

✎ *No seas así,*
discútete las pizzas al
rato.

dobletear: to be
doing two things at
once
SYN: campechanear

dragonazo: bad
breath
✎ *Me llegó el*
dragonazo de
mi maestra en la
mañana.

ducho: intelligent
✎ *El policía es bien*
ducho, sabe como
sacarle dinero a la
gente.

échale huevos:
show more interest /
enthusiasm
✎ *¡Échale huevos! Las*
cosas no salen bien
por sí solas.

echar la concha: to
be extremely lazy

echar palo: to have
sex
✎ *Quiero echarme un*
palo, pero no tengo
lana para el hotel.

echar porras: to
cheer for (a team)

echar un fon: to call
on the phone
✎ *Si te animas a salir*
me echas un fon.

echar una cacatúa:
to take a shit

echarse un palo: to
get laid
SYN: aventarse un
palo
✎ *Me eché un palo*
antes de salir de

viaje.

eco: a taxi
✐ *Súbete a un eco, y te esperamos en la fiesta.*

ECO

ejote: green bean

elote desgranado: cooked corn in a cup with a mix of mayo, cream, cheese, and powdered chile and lemon.
✐ *Me das un elote desgranado, con mucha crema y con chile y limón.*

emputado: a person with a lot of anger
✐ *Ya no te emputes, al rato termina la marcha y llegamos.*

en chifla: quickly

en la madre: surprise for something lost or unexpected, holy cow!
✐ *¡En la madre! No creo que podamos adivinar por dónde se fue.*

en pelotas: being nude
SYN: encuerado, desnudo, en canicas
✐ *Salí en pelotas hace rato, olvidé la toalla.*

EN PELOTAS

encabronado: someone very pissed of
✐ *Mi suegra estaba*

36

bien encabronada porque dejé a mi esposa sola en la casa.

enchilado: angry
✐ No te enchiles güero, estábamos jugando.

enchufar: to have sex, screw
✐ Ahora sí me enchufé a la Martha, y le gustó bastante.

engentado: a person who feels bad because of the presence of a lot of people
✐ Me fui del lugar porque ya me estaba engentando.

entambar: put in jail
✐ Por culpa de un peatón, entambaron a Miguel tres días.

ESCUADRA

escuadra: gun

eskato: a style for a group of people who like to dress with large clothes, dance ska music and like the anarchy philosophy
✐ Esa bola de eskatos siempre llega temprano para bailar.

estar cajeta: to be funny

estar comiendo camote: to be distracted

estar de la chingada: something bad, difficult or complicated
✐ Me está yendo de la chingada desde que llegué. Ya no sé que hacer.

estar del culo: a bad or ugly person

estar pa'l arrastre: to be exhausted
✐ Después de ir al

37

*gimnasio, estás pa'l
arrastre. ¿Por qué
no vas en la noche
mejor?*

F

facha: poorly dressed
person
✍ *¡Mira esa facha
que traes! Parece
que subiste un cerro.*

fajar: make out, suck
face
✍ *Me fajé a la
hermana de Juan
ayer.*

fayuca: black market

felón: aggressive,
provocative
✍ *No te portes como
un felón, no hay
necesidad de llegar
a eso.*

fichera: whore, slut,
prostitute
✍ *Ayer me fui a bailar
con una fichera, no
fue muy agradable.*

flamas: drunk
✍ *Llegaste bien
flamas ayer, no pude
creerlo.*

franelero: a person

who helps you parking your car in the street, for a small tip

✐ *¿No has visto al franelero? No le he dado su propina.*

fregón: 1) competent 2) good quality
✐ *1) ¡Qué fregón, siempre tu primero!*

freski: middle class people who behave like rich people even if they are poor
✐ *Hoy fuimos a una fiesta, pero había puro niño freski, y nos fuimos.*

fuchi: yuck!, eww!, disgust, nausea, revulsion
✐ *Esta comida huele raro, fuchi, yo no me la voy a comer. Mejor pido otra cosa.*

fumigado: very drunk, intoxicated, trashed
✐ *Cuidado con el tequila porque te deja bien fumigado.*

FUMIGADO

fusilar: to copy or plagiarize
✐ *Eso te lo fusilaste de la junta pasada.*

G

gacho: 1) unpleasant, ugly, bad, a bad situation 2) disapprove of behavior of someone
✐ 1) Esta sopa sabe gacho. 2) ¡No seas gacho! Préstame unos pesos para regresarme a mi casa.

gallo: 1) a betting pick, your favorite 2) a brave person
✐ 1) Ese es mi gallo, apuéstale no te va a fallar.

ganoso: horny
✐ Ando bien ganoso hoy, yo creo que voy a visitar a mi novia.

gata: 1) a maid 2) insulting term for low class
✐ 1) ¿Cuándo viene la gata a limpiar la casa? 2) La amiga de María está bien gata, ojalá no se junte con nosotras al rato.

gordo: someone who you can't stand or who you dislike
✐ Ya me caíste gordo, no vengas a la fiesta mejor.

grana: police
✐ No nos vaya a pescar la grana, así que calladito.

gringo: foreign people, non-Spanish speakers, usually from USA
✐ ¿Viste como bailaba el gringo ayer? Y yo creía que no sabían bailar.

guácala: something gross
✐ ¡Guácala! Ese taco sabe horrible.

guacarear: to vomit
✐ Después de la cheve 15 siempre me guacareo.

guacho: soldier
✐ ¡Ayer llegaron los guachos y nos llevaron a todos!

GUACHO

guagüis: a blow job usually homosexual
✐ *Le dije Mariana que me diera unos guagüis en la noche, pero le dio pena.*

guajolote: turkey

GUAJOLOTE

guarura: personal bodyguard
✐ *No creas que me voy a pelear con ellos, varios tienen sus guaruras.*

güeba or **güeva:** laziness, lethargy, lack of energy
✐ *Hoy no voy a trabajar, ya me dio güeba. / Es una güeva hacer la tarea, mejor me la fusilo mañana.*

güila: a loose woman, a woman with proven sexual skills
✐ *Carmen es tan güila que nada mas con invitarle una cheve, afloja.*

Gustrago: a teasing name given to anyone named Gustavo who drinks a lot, it's Gustavo combined with the word *"trago"* or a drink

H

hablar con la neta: to tell the straight truth

hacer de chivo los tamales: to be tricked, lied to

hacerse la jarocha: a sex change operation
✎ *Javier se hizo la jarocha y ahora se llama Julieta.*

harto: a lot of something
SYN: mucho, demasiado, un buen

helodia: cold or chilled
✎ *¿Cómo quieres la cerveza? - Bien helodia.*

hijazo: word for son, but with affection
✎ *¡Hijazo de mi vida! Te estaba esperando.*

hijo de su pinche madre: an evil person, a son-of-a-bitch
✎ *Eres un hijo de tu pinche madre, no puedo creer que hayas dicho eso.*

hilo papalote: expression to dismiss someone, like pissed off, but not offensive
SYN: a volar, fuera de aquí
✎ *¡Hilo papalote! Aquí no quiero fisgones.*

hocico: offensive word for mouth
SYN: boca, trompa
✎ *¡Ya cállate el hocico! No quiero oírte hasta que lleguemos.*

hommie: homeless drug addict
SYN: vagabundo
✎ *Esa calle está llena de hommies, ten cuidado.*

huchepo: typical food similar to Mexican tamale
✎ *Dicen que van a cocinar huchepos*

para la cena, están todos invitados.

hueva: general laziness
SYN: flojera
✎ *Me dio hueva ir al ensayo, yo creo que mañana regreso.*

huila: whore, slut, prostitute
✎ *Ya no voy a regresar con esas huilas, cobran bien caro.*

ido: dumb, fool
SYN: bobo, despistado
✎ *¡Uy, ora andas muy ido pué! ¡Despierta!*

indio: 1) offensive word for indigenous people 2) poor, dumb, ignorant
✎ *1) ¡Pinche indio! Hazte a un lado.*

ir a la chingada: extremely upset
✎ *Este asunto está muy difícil, que se vayan todos a la chingada.*

ir hecho la chingada: going very fast
✎ *Juan salió hecho la chingada de aquí.*

irse a la chingada: go to hell

jalar: 1) to masturbate, jerk off 2) to work 3) to go some place 4) to exercise in the gym 5) to pull

✐ 1) Se la pasa jalándosela. 2) Hay que jalar en esto hasta terminar. 3) Voy a jalar para mi casa. 4) En la mañana me fui a jalar un rato.

JALAR

¿jalas o te pandeas?: yes or no?

jarra: to get or be drunk
✐ Voy agarrar la jarra todo el fin de semana.

jefe: another word for father or mother, with more respect
✐ Ya me voy jefe, le prometo traerle las cosas que me pidió.

jetearse: fall sleep

✐ Te jeteaste toda la tarde, por eso no te dio tiempo.

JETEARSE

joder: fuck, damn, shit
✐ Joder, no me pagaron ayer, voy a seguir sin dinero estos días.

jodón: annoying person
✐ ¡Deja de estar de jodón! Ya casi termino.

joto: gay, effeminate or cowardly
✐ No sea joto y camine derecho.

jurgar: to get excited, to stir people up
SYN: hurgar
✐ Ya deja de jurgar a

todos, que nos vamos a poner de acuerdo de todas formas.

L

La Merced: a big city market in the capital
✍ *Hoy en la tarde estaba bien llena La Merced, seguramente es por los días festivos.*

lacra: people without respect for others, thief, low class person
✍ *Mi amigo resultó ser una lacra, terminó robándome mis juegos.*

lata: disturb someone
✍ *¡Deja de dar lata! Ya casi llegamos.*

latoso: a bothersome person
✍ *No seas latoso y duérmete.*

levantón: a kidnapping, specifically when one is dragged into a vehicle against one's will
✍ *No andes de fantoche, porque*

te pueden dar un levantón.

lo chingaron: they screwed him

loco de remate: really nuts, crazy

lúser: loser
SYN: perdedor
✎ *Jajaja, ¿ya viste el coche de Andrés? Está bien feo, que lúser.*

machín: awesome, cool as shit
SYN: chingón

machucón: stub your toe
✎ *¡Ay me di un machucón con la puerta!*

madrazo: a violent impact, a car crash, a physical impact injury or deliberate punch
✎ *Le dieron un madrazo a mi carro, me va a salir muy caro arreglarlo.*

madrina: to receive or give a beating, to bruise
✎ *Le dieron una madrina por decir tonterías.*

mal cabreado: extremely pissed off

malinchista: Mexican who enjoys foreign things more than

things from his own country

🖉 *El presidente es muy malinchista, quiere vender todo el país.*

mamada: 1) blow job 2) expression to describe a dumb comment

🖉 *1) Hubieras visto la mamada de Sandra ayer, sublime. 2) ¡Ya no digas mamadas, nos vamos por este camino y ya llegamos!*

mamalón: absolutely awesome

🖉 *¿En serio ya saliste de clase? ¡Mamalón!*

mamey: strong guy with great muscles *SYN:* mamado, ponchado, trabado

🖉 *Con dos semanas yendo al gym ya me siento más mamey.*

mampo: gay

🖉 *Se me hace que el tipo que está allá es bien mampo, nunca le he visto una novia.*

mandado: shopping purchase

mango: a handsome guy

🖉 *Juan se hizo todo un mango, ayer lo vi sin ropa y estaba bien marcado.*

manosear: 1) touch somebody with sexual intentions, grope 2) excessively touch something

🖉 *1) Deja de manosearme o grito. 2) Si no vas a comer, deja de manosear la comida.*

MAPEAR

mapear: mopping
✐ ¡Ayúdame a mapear la casa que está bien sucia!

mariachi: 1) husband 2) poorly dressed

marrullero: bad attitude towards someone, who acts without good intentions
✐ Eres un marrullero, juega bien al futbol.

matado: a nerd, geek, loves to study
✐ Martín es muy matado, por eso pudo conseguir una buena beca.

me cae: I'm serious
✐ Me cae que mañana va a llover.

me castra: to be annoyed, limited by another person or situation
✐ Me castra que el banco cierre a las 4.

me corto un huevo:

to swear or promise
✐ Me corto un huevo si no termino a tiempo.

me late: I like it

me sacó un pedo: unexpected shock
✐ Salió de la nada y me sacó un pedo.

meco: 1) cum, sperm 2) a blonde person
✐ 1) Dejaste todos los mecos embarrados. 2) Este meco siempre anda paseándose por todo el pueblo.

melcocha: 1) typical candy from Chiapas, it looks like a Snicker's candy bar 2) word used to describe a sickly sweet situation, like at a wedding
✐ 1) Se me antojo una melcocha, ahorita regreso. 2) ¡Hubieras visto la boda de Javier y Ana, fueron pura melcocha!

merolicos: a street salesperson
✐ *El merolico insistió en venderme este aparatejo.*

mezcalito: cheap liquor
✐ *Ayer se pusieron todos bien borrachos con puro mezcalito.*

michelada: beer with lime, tomato juice and spices

MICHELADA

mierda: being a bad person, shithead
✐ *No seas mierda, ya págale.*

miraló: expression used to highlight something you are saying
✐ *¡Míralo pué! Si no se quiere casar déjalo.*

mis huevos: denial, disbelief
✐ *Mis huevos que te ganaste la lotería.*

mocos: darn, gosh, golly

mole: blood
✐ *Estaba a media reunión y se me empezó a salir el mole.*

moliendo la borrega: to be a nuisance
✐ *¡Y sigues moliendo la borrega! Ya casi está la comida, no te desesperes.*

momo: amputate, incomplete
✐ *Dejé de trabajar en la fabrica porque quedé todo momo después del accidente.*

mordelón: a corrupt

traffic officer
SYN: perro
✍ *El de la esquina es mordelón.*

moronga: 1) death 2) blood sausage

morralla: money, coins
SYN: sencillo
✍ *Traigo pura morralla, a ver si nos alcanza.*

MORRALLA

morrudo: big head
✍ *Tu novia está muy morruda, ¡pero no le vayas a decir!*

mover la chancla: to gossip

naco: common word to describe a person without education, good manners, or culture
✍ *Bola de nacos todos lo que fueron ayer a la marcha, que se pongan a trabajar.*

nailon: ass
✍ *Ya me duelen las nailons de tanto estar sentado.*

nave: a car
✍ *Si nos vamos en tu nave llegamos más rápido.*

NAVE

nel: another word for "no"
✍ *¿Quieres que te pase las películas? -Nel, ya las vi todas.*

no chingues: stop

screwing around,
a way of asking
a person to stop
bothering
SYN: no puede ser
✐ *¡No chingues! Te
lo comiste todo. /
No chingues, estoy
a la mitad de algo
importante.*

no manches: no way,
give me a break, I
don't believe you,
stop screwing around

**no te calientes,
plancha:** calm down

no tener madre:
something good

ñero: 1) short for
"compañero,"
buddy, friend 2) a
person that lives in
the hood or slums
3) a person without
culture and poor use
of his language
SYN: 1) compay
✐ *1) El ñero se fue
temprano. 2) Deja de
ser tan ñero y deja de
vestirte así.*

ñetas: dim witted
✐ *El ñetas perdió las
llaves otra vez.*

ñoño: nerd
✐ *Eres un ñoño,
nunca sales los fines
de semana.*

O - P

obrar: to take a shit

okupa: university place taken by students, usually communist
✐ *Va a haber una reunión en el okupa Che Guevara, por si quieres ir.*

órale: 1) wow 2) okay, sure 3) hurry up, let's go
✐ *1) Órale, pasaste el examen. 2) ¿Nos juntamos a estudiar en mi casa? - Va órale, yo llevo las cervezas. 3) ¡Órale huevones! Ya apúrense que esos vagones del metro no*

ORÉGANO

se van a llenar solos.

52

orégano: pot
SYN: mota

pa' mearlo: unpleasant, ugly, bad
✐ *El carro está pa'mearlo.*

pacha: money

pacheco: 1) a junkie 2) wasted, on drugs
✐ *1) El pacheco me volvió a pedir dinero. 2) Manuel andaba bien pacheco ayer, mejor ni le hablamos.*

pachuco: name for "rebel" people of 50s, easily recognized by their clothes
✐ *Tin tan fue el pachuco más conocido de México.*

padrote: a pimp

pájaro nalgón: a person that never fulfills promises
✐ *No le creas, es un pájaro nalgón.*

palomitas: popcorn

PALOMITAS

pancho: a fuss or problem

pandroso: without any knowledge for fashion or dressing
✐ ¿Así vas a salir hoy? Como que andas muy pandroso, ¿no crees?

panocha: pussy, cunt
✐ Con esa falda se lé ve hasta la panocha.

PAPACITO
papacito: very handsome guy
✐ ¿Oye papacito, sí me vas a llevar al cine?

papar moscas: to be unaware or distracted
✐ Ya deja de papar moscas y ayúdame.

papujo: pale, a face without color
✐ ¿Y esa bola de papujos que están diciendo?

paro: a favor
✐ Hazme un paro y dile a mamá que me preste el carro.

pasarse de lanza: 1) to exaggerate, to be ridiculous 2) to be abusive to someone
✐ 1) Te pasaste de lanza, no nos tardamos tanto. 2) ¡Te pasas de lanza! Así no deberías tratar a tu hermana.

pasón: recently take drugs

Me di un pasón con tantas aspirinas en la mañana.

pata: a foot

pay de pelos: a hairy female crotch, literally a hair pie
Su pay de pelos da asco.

payoya: a secret tip in exchange for better service
El cadenero me deja pasar siempre desde que le di su payoya.

pecero: bus
Es peligroso tomar el pecero a estas horas.

PECERO

pedero: an aggressive person with a lot of attitude
Es un pedero, por

eso nadie lo quiere.

pedorro: 1) something very ugly 2) someone who farts a lot
1) Está muy pedorro este juego. 2) Eres un pedorro, hazte para allá.

pegue: charisma, magnetism, special talent for easily attracting members of the opposite sex
Mi prima tiene mucho pegue, ayer le pidieron el teléfono varios chavos.

peladez: dirty, vulgar or inappropriate word
Deja de decir peladeces y habla bien.

pelao: a male
El dueño del bar es un pelao.

pelos: nudity
¡Vamos al table a ver pelos wey!

pendejear: to be up

to no good, to be doing nothing useful
No estoy haciendo nada, nada más aquí pendejeando.

pepa: cunt
No tiene ningún interés en prestarme a la pepa.

perengano: used to refer to a person whose name is unknown or has slipped our mind in a demeaning tone
SYN: fulano, mengano, zutano
Le di las cosas a perengano, el que se sienta al lado tuyo.

perrada: a low-class group of people
En la marcha de ayer, estuvo la pura perrada.

perrear: to chase after women

persinado: a person that comes across or self proclaims as chaste or prude, usually very religious too
No quiere ir a la fiesta, ya sabes que es bien persinado.

petaca: baggage
SYN: equipaje
Mi petaca estaba muy pesada, por eso cancelé el viaje.

PETACA

petatearse: to die, kick the bucket
SYN: morirse
Yo creo que mi abuelo ya va a petatearse, desde un mes que no se levanta de la cama.

55

pichar: to invite a person to do something and pick up the bill
✐ *Vamos a cenar, yo te picho.*

pichurriento: low quality
✐ *Tu casa está muy pichurrienta, deberías cambiarte de lugar.*

picudo: 1) abusive or dishonest 2) great quality
✐ *1) El picudo de la tienda siempre quiere cobrar de más. 2) Este estéreo está bien picudo.*

piñar: to fool, to con
✐ *Me está piñando, me dijo que ganó la carrera.*

pinche: 1) in bad shape or of poor quality 2) used with all types of nouns to be insulting, for example the "*pinche gato*" would be the fucking cat, or the

goddamn cat
✐ *1) El carro nuevo que compró está bien pinche. 2) Pinche Pepe, te dije que tiraras la basura. / Pinche cosa, no sirve. / Este pinche libro está horrible.*

pinchurriento: miserable, scarce, insufficient
✐ *El banquete estuvo bien pinchurriento.*

pípiris nais: very well groomed, dressed up, sharp looking
✐ *Esa niña siempre anda bien pípiris nais.*

piruja: a prostitute or loose woman
✐ *Dicen que la vecina es piruja.*

PISTEAR

pistear: to drink

alcoholic beverages
🖉 *Nos juntamos a pistear el sábado.*

pito: dick, penis
SYN: pene, verga, reata
🖉 *¡Me vale pito lo que digas!*

pitofácil: men who offer sex easily
🖉 *Ayer anduve de pitofácil con varias de mis amigas.*

platicar: to talk to, to tell

playera: t-shirt, shirt

plomazo: gunshot
🖉 *No vayas a ese barrio, te van a dar un plomazo.*

poli: short word for police
🖉 *El poli me ayudó a llegar a mi casa ayer.*

pompas: buttocks
🖉 *Se te ven muy bien las pompas con esos jeans.*

poner de pechito: to allow something to happen, to put oneself in a vulnerable position
🖉 *Te pusiste de pechito, por eso te robaron.*

poner los cachos: to cheat on, mess around on

poner un cuatro: to set a trap
🖉 *Me puso un cuatro y me atraparon con las manos en la masa.*

ponketo: aggressive behavior
🖉 *Ya no te pongas ponketo, mañana te regreso tu coche.*

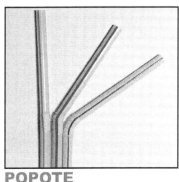

POPOTE

57

popote: drinking straw

pouser: someone who acts with a fake personality
✐ *Los chicos de la banda son bien pouser, por eso no me agradan.*

prendérsele el foco: to have an idea
✐ *Se me prendió el foco y lo pegué con silicón.*

pucha: pussy
✐ *¡Qué pucha más rica tenía la vieja de ayer!*

pulmón: a gay or effeminate person
✐ *Dicen que es pulmón pero yo no creo.*

pumita: private bus for Mexican students of UNAM
✐ *Si te vas ahora vas a agarrar el pumita con poca gente.*

puñetas: an insulting way to say a slow or stupid person
✐ *Se le cayó el vaso por puñetas.*

pura mierda: rubbish
✐ *Esta programación es pura mierda.*

puta: 1) a prostitute or loose woman 2) damn, shit
✐ *1) Esa mujer del vestido rojo es una puta.*

putamadral: a lot of, a large amount of
SYN: un chingo
✐ *¿Sabías que mi abuela me heredó un putamadral de dinero?*

putero: 1) a lot of something 2) whorehouse
✐ *1) En la fiesta de Alejandra llegó un putero de gente. 2) Ayer estuve en un putero bien fino.*

puto: gay, coward,

homosexual
SYN: gay, joto,
homosexual
✐ *¡No seas puto!
Todos nos vamos
juntos, espérate.*

Q

qué culero: calling
out a bad or
dishonest person
✐ *¡Qué culero, me
robó a mi novia!*

**¿qué Honduras mi
Nicaragua?:** what's
going on?, what's
up?

**¿qué hongo /
jorongo / tepetongo
/ morongo?:** what's
going on?, what's
up?

¡qué huevos!: the
nerve, disbelief in
someone's boldness,
an expression used
to admire another
person's courage
SYN: que insolente
✐ *¡Qué huevos de
cabrón! Venir a
amenazarme a mi.
/ ¡Qué huevos! Se
atrevió a decirle que
no.*

¿qué onda cabrón?:
hey dude, hey man

✎ ¿Qué onda cabrón, cómo te fue en la fiesta?

¿qué ondón Ramón, con el camarón?: what's going on?, what's up?, how's it going?

¿qué pachó?: 1) what's up? 2) what happened?
✎ 1) ¿Qué pachó mi buen? Tenía mucho que no te veía.
2) ¿Qué pachó con el reporte que te pedí?

¡qué peda!: amazement and pride regarding a current or past drinking binge
SYN: que borrachera
✎ ¡Qué peda nos pusimos¡ Hay que repetirla.

quedarse de a solapas: to be alone, on your own

¿quéhubole?: what's up?

✎ ¿Quéhubole, qué has hecho?

quesataco: quesadilla with beef
✎ Te invito un quesataco más al rato.

quinta: a country home
✎ La quinta está muy lejos.

R

ranazo: a fall
🖉 *Me di un ranazo en las escaleras.*

raza: group of people for the same social class
🖉 *Tienes que ir a la fiesta wey, le va a caer toda la raza.*

recámara: a room, bedroom

refresco: a soda
🖉 *Tengo mucha sed, voy a comprar un refresco.*

REFRESCO

resistol: a popular brand of glue that has become a synonym of glue in general
🖉 *Tengo que comprar resistol para hacer unas manualidades.*

revesar: puke
SYN: vomitar
🖉 *Me siento mal, creo que voy a revesar la comida.*

rifa: expression used to say something is great or right
SYN: está chido
🖉 *Esta casa sí rifa, está muy cerca del centro.*

rola: song
SYN: canción
🖉 *Acabo de escuchar una rola que me gustó mucho.*

rollo: a long explanation
🖉 *Eres puro rollo wey, es mas fácil llegar.*

ruco: old man
SYN: viejo, anciano
🖉 *Ya estás muy ruco para jugar amigo.*

S

sabalitos: popsicle or flavored ice stick
SYN: bolis
✐ *Me comí un sabalito de uva.*

sacatón: coward
SYN: cobarde
✐ *Es un sacatón, no quiso ir de excursión.*

sancho: the other person, a person one is cheating with
✐ *No sé quién es el sancho, pero sí se que me pone el cuerno.*

sarape: colorful blanket-like shawl
✐ *El mejor sarape es el de Zacatecas.*

ser muy X: nothing special, not important, common

shain: shoe polish
✐ *Me faltó ponerle shain a mis zapatos hoy.*

SHAIN

simón: another word for "yes", for sure, without a doubt
✐ *¿Entonces me pasas la tarea? -Simón.*

solapa: alone
SYN: solo
✐ *Me fui al cine de a solapa, era lunes y nadie estaba disponible.*

soplar: to give a blow job
SYN: mamar, chupar, soplar
✐ *La última vieja con la que estuve la sabe soplar muy bien.*

soy la pura verdura: I'm the man!

sultano: a demeaning way of referring to

someone one doesn't know or forgot their name
SYN: zutano, perengano
✏ *Sultano es el encargado de la tienda.*

tachihuil: mix of something
SYN: revoltura
✏ *Tu comida salió echa un tachihuil.*

talacha: work, chores or duty
SYN: trabajo, ocupación
✏ *Fue mucha talacha terminar este diccionario.*

tamal mal amarrado: poorly dressed, disheveled, it comes from the typical Mexican food, literally "a poorly tied tamale"
✏ *¡Quítate ese vestido, pareces tamal mal amarrado!*

tanate: testicles, balls, nuts
SYN: huevos, coyoles
✏ *¿Qué no tienes los suficientes tanates para enfrentarlos?*

tarugada: to do

something stupid

✐ *Lo que hiciste fue una tarugada, no lo vuelvas a hacer.*

te armaron un pancho: to express that someone had a problem with you, or that you were in a bad situation

✐ *Te armaron un pancho porque no hiciste la tarea.*

te cagaron: to tell someone off

✐ *Te cagaron cuando chocaste el carro.*

te chingué: I beat you, rubbing it in the loser's face

¿te conozco, mozco?: how's it going?, what's up?

te la comes: accusing someone of being gay

✐ *No me digas nada, te la comes.*

Tec: abbreviation used for the Universidad Tecnológica y de Estudios Superiores de Monterrey

✐ *Mi primo se cree mucho porque va en el Tec.*

tele: television
SYN: caja idiota

✐ *Me voy a ver la tele, te veo al rato.*

TELE

teporocho: homeless, drunk person
SYN: borracho

✐ *Ayer vi como tres teporochos afuera de la cantina.*

tianguis: a typical market that rotates locations, staying a

day in each place
✐ Voy a comprar algo de comida en el tianguis, regreso al rato.

tío lolo: to play dumb
✐ Deja de hacerte el tío lolo y paga la cena.

tira: police
✐ Ten cuidado con la velocidad, por aquí anda la tira.

tirar carro: to mock, make jokes or make fun of someone
SYN: carrilla
✐ Ya deja de tirarme carro, agárrate a otro.

tochito: American touch football
✐ Oye vamos a jugar un tochito con mis amigos, estás invitado.

tortear: touch somebody with sexual intentions
SYN: agasajar

✐ Me tortearon en el metro.

tragón: voracious eater
SYN: comelón
✐ Hoy estuve de tragón en el restaurante.

tranza: what's up
SYN: ¡qué onda! ¡quihubo! ¡qué pasó! ¡qué tranzita! ¡qué pachó!
✐ ¡Qué tranza carnal! Ya tenia ganas de verte.

trence: fight
SYN: pelea
✐ Mis hermanitos se dieron un buen trence hace rato.

tronar: 1) to fail a test or course 2) to break up
SYN: 2) terminar
✐ 1) Troné el examen de matemáticas. 2) No anduvimos mas de un mes y tronamos rápido.

V - W

valedor: 1) a drinking buddy, usually the least loyal of the group of friends 2) person who you trust very much
SYN: 2) amigo, carnal, compadre
✎ *1) Como siempre, el Luis de valedor se fue antes de que tocara pagar la cuenta. 2) Mi profesor es mi valedor, siempre ha echado la mano.*

valín: 1) something or someone that is irrelevant 2) an object of poor quality
✎ *2) El estéreo resultó ser valín.*

vato: dude, kid
SYN: güey, carnal. men, pelao
✎ *Hey vato, ya cálmate que estamos llevando la fiesta en paz.*

¡verde!: dam! son of a bitch!
SYN: ¡caray!, ¡chin!
✎ *¡Verde! Se me olvidó tirar la basura.*

vergazo: hit something
SYN: putazo, madrazo, golpazo, porrazo

viaje: daydreaming, lost the notion of time and space because you have something on your mind or maybe just high, tripping
✎ *¡Ponme atención, parece que andas en el viaje!*

vientos: ok! right!
SYN: bien
✎ *¡Vientos! Ya me pagaron hoy.*

volar: 1) to be stoned or high 2) to steal
SYN: 1) andar pacheco 2) robar
✎ *1) Estoy volando bien arriba, no puedo manejar. 2) ¡Chin! Ya me volaron el dinero.*

washear: to watch
✐ ¿Vamos a washear una película hoy?

winy: sausage, weenie
✐ Hoy hice winys con huevos.

ya chingué: triumphant expression when something favorable occurs
✐ Sushi Mar llega hasta la casa en servicio a domicilio, ya chingué.

ya valió queso: it's over
✐ ¡Ya valió queso, ya vámonos!

zacate: grass
✐ Está muy seco el zacate.

ZACATE

zope: dumb, dork, fool
✐ Estás bien zope. ¿Cómo vamos a llegar sin comida?

zorrear: to be a slut
✐ No está bien que

te vean zorrear,
es malo para tu
reputación.

zurrar: to take a shit
SYN: cagarse
✎ *Me voy a zurrar si
no llegamos pronto a
un baño.*

PHOTOS & ILLUSTRATIONS CREDITS

Page 3 Presentation. 1) [Mayan Calendar] Untitled by theilr, on Flickr. http://www.flickr.com/photos/theilr/2164085293/various-clothing-by-jicjac-11222 2) tacos in homemade tortillas by Stacy Spensley, on Flickr. http://www.flickr.com/photos/notahipster/3821721431/

Page 5 Presentación. 1) Mayan Zodiac Circle by theilr, on Flickr. http://www.flickr.com/photos/theilr/2176833400/ 2) Jalapeños for Pickling by cjmartin, on Flickr. http://www.flickr.com/photos/cjmartin/3986457740/

Page 16 Bataca. Public Domain CC0. http://pixabay.com/en/music-set-icon-simple-outline-31359/

Page 16 Bicla. Public Domain CC0. http://pixabay.com/en/red-flat-icon-ride-cartoon-bikes-35987/

Page 17 Botana. Public domain image (CC0) http://pixabay.com/en/nachos-snack-kcal-calories-74202/

Page 17 Bote. CC0 PD Dedication. http://openclipart.org/detail/13824/sedan-car-by-zager

Page 17 Bruja. Empty Pockets By danielmoyle on Flickr. http://www.flickr.com/photos/danmoyle/5634567317/

Page 19 Cajeta. By Cchhuucchhoogmail (Own work) [Public domain], via Wikimedia Commons. http://commons.wikimedia.org/wiki/File%3ACajeta_de_Celaya.PNG

Page 20 Calaca. Public domain image (CC0) http://pixabay.com/en/head-dead-black-diagram-simple-29380/

Page 20 Canillas. Public domain image (CC0) http://pixabay.com/en/feet-toes-toe-human-body-soil-70573/

Page 21 Carro del mandado. Public domain image (CC0) http://pixabay.com/en/black-icon-food-outline-symbol-29647/

Page 23 Chanclas. © Speaking Latino

Page 23 Chante. CC0 PD Dedication. http://openclipart.org/detail/28497/house-icon-by-purzen

Page 24 Charola. Police Badge Drawn by: Mike the Librarian. CC0 PD Dedication. http://openclipart.org/detail/173188/police-badge-by-mcendejas-173188

Page Charro. By PepeAguilar.com (PepeAguilar.com) [CC-BY-SA-3.0 (http://creativecommons.org/licenses/by-sa/3.0)], via Wikimedia Commons. http://commons.wikimedia.org/wiki/File%3APepeAguilarCharro.jpg

Page 24 Chavo. Mexican Boy on Horse by Jpeg Jedi, on Flickr. http://www.flickr.com/photos/94873553@N00/406879894/

Page 25 Chela. Public domain image License (CC0). http://pixabay.com/en/glass-cup-bottle-cartoon-mug-29461/

69

Page 25 Chillar. David by surlygirl, on Flickr. http://www.flickr.com/photos/jm_photos/5752497947/

Page 27 Chones. Dotted panties Uploader: laobc. CC0 PD Dedication. http://openclipart.org/detail/78691/dotted-panties-by-laobc

Page 28 Chota. Public domain image (CC0). http://pixabay.com/en/head-people-man-police-person-37625/

Page 28 Choya. Public domain image (CC0). http://pixabay.com/en/ache-adult-depression-expression-19005/

Page 28 Chucho. Public domain image (CC0). http://pixabay.com/en/dog-sitting-pet-staring-picture-47246/

Page 29 Colocho. J Coat (BW) By lupzdut via Flickr. http://www.flickr.com/photos/10505805@N00/3118633213/

Page 29 Combi. Public domain image (CC0). http://pixabay.com/en/blue-van-car-cartoon-bus-buses-34715/

Page 30 Corta. By maspormas.com.mx [CC-BY-SA-2.0 (http://creativecommons.org/licenses/by-sa/2.0)], via Wikimedia Commons. http://commons.wikimedia.org/wiki/File%3ADenominaciones_billetes_mexico.jpg

Page 36 Eco. Mexico City by Borya, on Flickr. http://www.flickr.com/photos/barthelomaus/5233152/

Page 36 En pelotas. By Jack Versloot [CC-BY-2.0 (http://creativecommons.org/licenses/by/2.0)], via Wikimedia Commons. http://upload.wikimedia.org/wikipedia/commons/b/b1/Pinagbuyutan_Private_Beach.jpg

Page 37 Escuadra. CC0 PD Dedication. http://openclipart.org/detail/4399/revolver-by-johnny_automatic

Page 39 Fumigado. Public domain image (CC0). http://pixabay.com/en/stick-symbol-people-man-guy-40577/

Page 41 Guacho. Para un poema de Seamus Heaney by Eneas, on Flickr. http://www.flickr.com/photos/eneas/3222326950/

Page 41 Guajolote. Public domain image (CC0). http://pixabay.com/en/thanksgiving-turkey-bird-animal-46690/

Page 44 Jalar. Public domain image (CC0). http://pixabay.com/en/man-person-cartoon-bike-gym-32817/

Page 44 Jetearse. Julie Goldsmith (#6228) by mark sebastian[/url], on Flickr. http://flic.kr/p/sKbvq under CC license Attribution-ShareAlike 2.0 Generic (CC BY-SA 2.0)

Page 47 Mapear. Public domain image (CC0). http://pixabay.com/en/silhouette-cleaner-mop-standing-43547/

Page 49 Michelada © Speaking Latino

Page 50 Morralla. Pesos by Clearly Ambiguous, on Flickr. http://www.flickr.com/photos/clearlyambiguous/107001491/

Page 50 Nave. CC0 PD Dedication.

http://openclipart.org/detail/13824/sedan-car-by-zager

Page 52 Orégano. Public domain image (CC0). http://pixabay.com/en/black-icon-outline-symbol-drawing-34353/

Page 53 Palomitas. By Renee Comet (Photographer) [Public domain or Public domain], via Wikimedia Commons. http://commons.wikimedia.org/wiki/File%3APopcorn_(1).jpg

Page 53 Papacito. Health beauty training body By LyndaSanchez via Flickr. http://flic.kr/p/e2BgB4

Page 54 Pecero. Public domain image (CC0). http://pixabay.com/en/red-icon-trip-cartoon-bus-buses-24366/

Page 55 Petaca. By Mk2010 (Own work) [CC-BY-SA-3.0 (http://creativecommons.org/licenses/by-sa/3.0) or GFDL (http://www.gnu.org/copyleft/fdl.html)], via Wikimedia Commons. http://commons.wikimedia.org/wiki/File%3ACloth_Suitcase.jpg

Page 56 Pistear. CC0 PD Dedication. http://openclipart.org/detail/6898/couple-having-drinks-by-stevelambert-6898

Page 57 Popote. Trinkhalm.jpg under the Creative Commons Attribution-Share Alike 3.0 Unported license. http://commons.wikimedia.org/wiki/File:Trinkhalm.jpg

Page 61 Refresco. Public domain image (CC0). http://pixabay.com/en/red-food-menu-juice-outline-25188/

Page 62 Shain. By D-Kuru (Own work) [CC-BY-SA-3.0-at (http://creativecommons.org/licenses/by-sa/3.0/at/deed.en)], via Wikimedia Commons. http://commons.wikimedia.org/wiki/File%3ACan_of_shoe_polish-open_-_fs_PNr%C2%B00289.jpg

Page 64 Tele. Public domain image (CC0). http://pixabay.com/en/old-black-set-screen-icon-outline-36723/

Page 67 Zacate. Public domain image (CC0). http://pixabay.com/en/background-closeup-flora-fresh-16051/

9476711R00042

Made in the USA
San Bernardino, CA
16 March 2014